JANAKKUMAR BALDEVBHAI PATEL

Un traitement d'image numérique pratique à l'aide de MATLAB

JANAKKUMAR BALDEVBHAI PATEL

Un traitement d'image numérique pratique à l'aide de MATLAB

ScienciaScripts

Imprint
Any brand names and product names mentioned in this book are subject to trademark, brand or patent protection and are trademarks or registered trademarks of their respective holders. The use of brand names, product names, common names, trade names, product descriptions etc. even without a particular marking in this work is in no way to be construed to mean that such names may be regarded as unrestricted in respect of trademark and brand protection legislation and could thus be used by anyone.

Cover image: www.ingimage.com

This book is a translation from the original published under ISBN 978-613-9-87182-7.

Publisher:
Sciencia Scripts
is a trademark of
Dodo Books Indian Ocean Ltd. and OmniScriptum S.R.L Publishing group
Str. Armeneasca 28/1, office 1, Chisinau MD-2012, Republic of Moldova, Europe
Printed at: see last page
ISBN: 978-620-4-17388-7

TABLE DES MATIÈRES

Traitement numérique des images

Le traitement d'images est une méthode permettant d'effectuer certaines opérations sur une image, d'obtenir une image améliorée ou d'en extraire des informations utiles. Il s'agit d'un type de traitement du signal dans lequel l'entrée est une image et la sortie peut être une image ou des caractéristiques associées à cette image. De nos jours, le traitement d'images fait partie des technologies en plein essor. Il constitue un domaine de recherche essentiel dans les disciplines de l'ingénierie et de l'informatique.

Le traitement des images comprend essentiellement les trois étapes suivantes :

- Importation de l'image via les outils d'acquisition d'images ;
- Analyser et manipuler l'image ;
- Sortie dans laquelle le résultat peut être une image modifiée ou un rapport basé sur l'analyse de l'image.

-•

Il existe deux types de méthodes utilisées pour le traitement des images, à savoir le traitement analogique et le traitement numérique. Le traitement d'image analogique peut être utilisé pour les copies papier comme les impressions et les photographies. Les analystes d'images utilisent divers principes fondamentaux d'interprétation lorsqu'ils utilisent ces techniques visuelles. Les techniques de traitement d'images numériques permettent de manipuler les images numériques à l'aide d'ordinateurs. Les trois phases générales que tous les types de données doivent subir lors de l'utilisation de la technique numérique sont le prétraitement, l'amélioration, l'affichage et l'extraction d'informations.

Pratique 1

OBJECTIF : Lire et afficher des images à l'aide de MATLAB.

```
I= imread('cameraman.tif');
imshow(I);
J=imshow(I);
figure;
I1= imread('peppers.png');
imshow(I1);
```

Pratique 2 :

OBJECTIF : Lire et afficher des images et afficher leurs informations à l'aide de MATLAB.

```
I=imread('peppers.png');
imshow(I);
figure;
I1=imageinfo('peppers.png');
imshow(I1);
figure;
H=imread('bag.png');
imshow(H);
figure;
L=imageinfo('bag.png');
imshow(L);
figure;
J=imread('canoe.tif');
figure;
imshow('canoe.tif');
figure;
K=imageinfo('canoe.tif');
figure;
imshow(K);
```

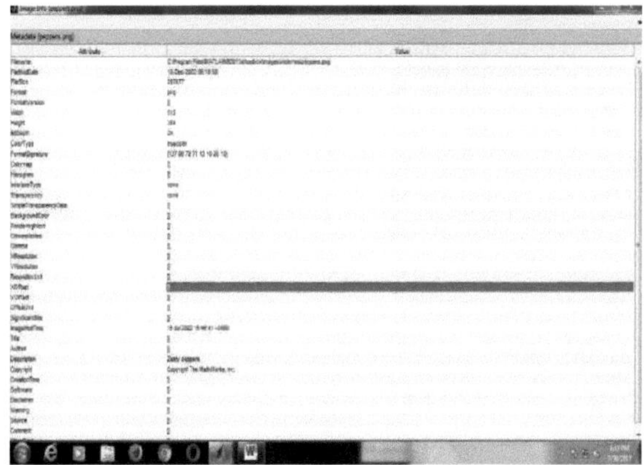

Image Info (bag.png)
Metadata (bag.png)
Attribute
Value
FileModDate 09-Aug-2004 21:41:08
Format png
Width 189
Height 250
ColorType grayscale
InterlaceType none
Transparency none
Description digital photograph of a handle to a bag
Copyright Copyright The MathWorks, Inc

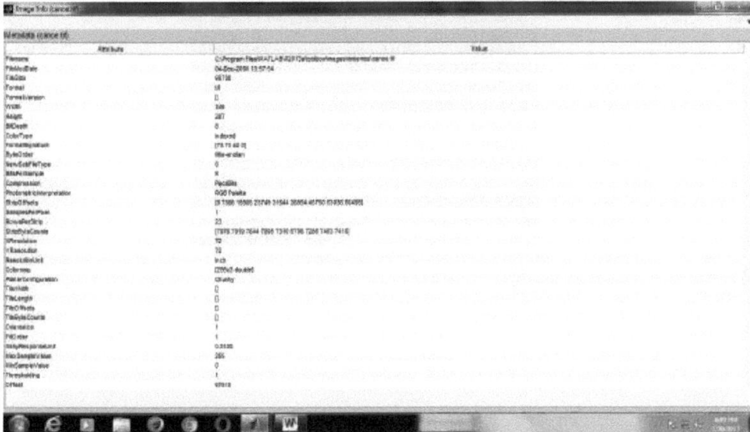

OBJECTIF 3 : Effectuer une opération d'amélioration d'image sur une image board.tif en introduisant une image floue et bruyante.

```
I=imread('board.tif');
I=I(50+[1:256],2+[1:256],:);
figure,imshow(I)
title('Original Image')
PSF=fspecial('gaussian',50,80);
Blurred=imfilter(I,PSF,'symmetric','conv');
figure,imshow(Blurred)
title('Blurred');
```

```
v=0.002;
Blurrednoisy=imnoise(Blurred,'gaussian',0,v);
figure,imshow(Blurrednoisy)
title('Blurred and Noisy Image');
luc1=deconv2(Blurrednoisy,PSF,5);
figure,imshow(luc1)
title('Restored Image');
```

Original Image

OBJECTIF 4 : Effectuer une opération d'amélioration d'image sur l'image board.tif en introduisant un mouvement et une image bruyante.

```
I=imread('board.tif');
I=I(50+[1:256],2+[1:256],:);
figure,imshow(I)
title('Original Image')
PSF=fspecial('motion',50,80);
Motion=imfilter(I,PSF,'symmetric','conv');
figure,imshow(Motion)
```

```
title('Motion');
v=0.002;
Motionnoisy=imnoise(Motion,'gaussian',0,v);
figure,imshow(Motionnoisy)
title('Motion and Noisy Image');
luc1=deconv2(Motionnoisy,PSF,5);
figure,imshow(luc1)
title('Restored Image');
```

Original Image

Motion

Motion and Noisy Image

OBJECTIF 5 : Effectuer une opération d'amélioration d'image sur l'image tissue.png en introduisant une image floue et bruyante.

```
I=imread('tissue.png');
I=I(125+[1:256],2+[1:256],:);
figure,imshow(I)
title('Original Image')
PSF=fspecial('gaussian',11,5);
BlurredNoisy=imfilter(I,PSF,'symmetric','conv');
figure,imshow(BlurredNoisy)
title('Blurred Image');
Blurrednoisy=imnoise(BlurredNoisy,'gaussian',0,v);
figure,imshow(Blurrednoisy)
title('Blurred and Noisy Image');
NP=v*prod(size(I));
[reg1 LAGRA]=deconvreg(Blurrednoisy,PSF,NP);
figure,imshow(reg1)
title('Restored Image');
```

Original Image

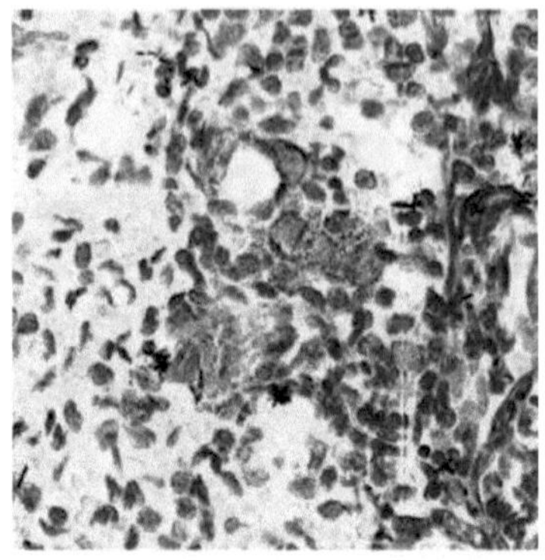

Blurred Image

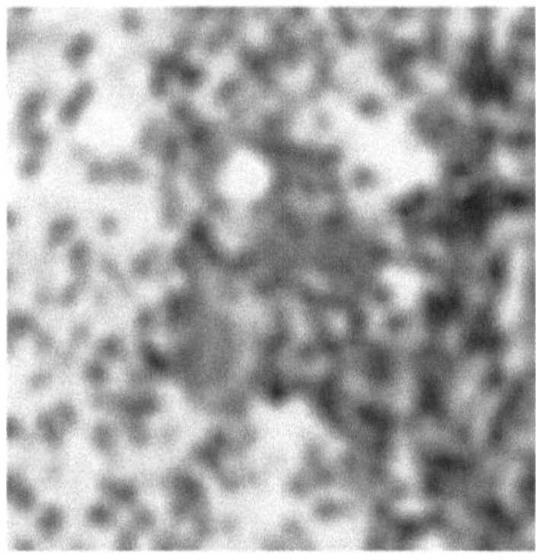

Blurred and Noisy Image

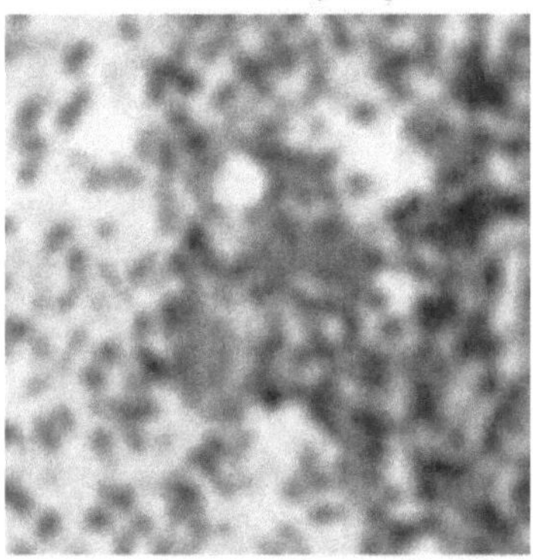

Restored Image

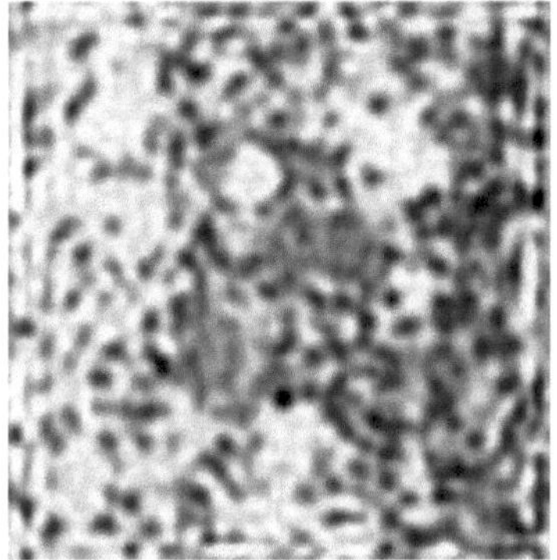

Objectif 6 : Ecrire un programme utilisant MATLAB pour dé-flouter des images en utilisant un filtre de Wiener en introduisant un bruit gaussien, une quantification et en appliquant une convolution et une dé-convolution et un filtre spécial pour l'image 'cameraman.tif'.

```
I = im2double(imread('cameraman.tif'));
imshow(I);
title('Original Image (courtesy of MIT)');
figure;
```

```
LEN = 21;
THETA = 11;
PSF = fspecial('motion', LEN, THETA);
blurred = imfilter(I, PSF, 'conv', 'circular');
imshow(blurred);
title('Blurred Image');
figure;
wnr1 = deconvwnr(blurred, PSF, 0);
imshow(wnr1);
title('Restored Image');
figure;
noise_mean = 0;
noise_var = 0.0001;
blurred_noisy = imnoise(blurred, 'gaussian', ...
noise_mean, noise_var);
imshow(blurred_noisy)
title('Simulate Blur and Noise')
figure;
wnr2 = deconvwnr(blurred_noisy, PSF, 0);
imshow(wnr2)
title('Restoration of Blurred, Noisy Image Using NSR = 0')
figure;
signal_var = var(I(:));
wnr3 = deconvwnr(blurred_noisy, PSF, noise_var / signal_var);
imshow(wnr3)
title('Restoration of Blurred, Noisy Image Using Estimated NSR');
figure;
I = imread('cameraman.tif');
class(I)
blurred_quantized = imfilter(I, PSF, 'conv', 'circular');
class(blurred_quantized)
wnr4 = deconvwnr(blurred_quantized, PSF, 0);
imshow(wnr4)
title('Restoration of blurred, quantized image using NSR = 0');
figure;
uniform_quantization_var = (1/256)^2 / 12;
signal_var = var(im2double(I(:)));
wnr5 = deconvwnr(blurred_quantized, PSF, ...
uniform_quantization_var / signal_var);
imshow(wnr5)
title('Restoration of Blurred, Quantized Image Using Computed NSR');
```

Original Image (courtesy of MIT)

Blurred Image

Restored Image

Simulate Blur and Noise

Restoration of Blurred, Noisy Image Using NSR = 0

Restoration of blurred, quantized image using NSR = 0

Restoration of Blurred, Noisy Image Using Estimated NSR

Restoration of Blurred, Quantized Image Using Computed NSR

Objectif 7 : Ecrire un programme utilisant MATLAB pour rendre floues des images en utilisant un filtre de Wiener en introduisant un bruit gaussien, une quantification et en appliquant une convolution et une dé-convolution et un filtre spécial pour l'image 'peppers.png'.

```
I = im2double(imread('peppers.png'));
imshow(I);
title('Original Image (courtesy of MIT)');
figure;
LEN = 21;
THETA = 11;
PSF = fspecial('motion', LEN, THETA);
blurred = imfilter(I, PSF, 'conv', 'circular');
imshow(blurred);
title('Blurred Image');
figure;
wnr1 = deconvwnr(blurred, PSF, 0);
imshow(wnr1);
title('Restored Image');
figure;
noise_mean = 0;
noise_var = 0.0001;
blurred_noisy = imnoise(blurred, 'gaussian', ...
noise_mean, noise_var);
imshow(blurred_noisy)
title('Simulate Blur and Noise')
figure;
wnr2 = deconvwnr(blurred_noisy, PSF, 0);
imshow(wnr2)
title('Restoration of Blurred, Noisy Image Using NSR = 0')
figure;
signal_var = var(I(:));
wnr3 = deconvwnr(blurred_noisy, PSF, noise_var / signal_var);
imshow(wnr3)
title('Restoration of Blurred, Noisy Image Using Estimated NSR');
figure;
I = imread('peppers.png');
class(I)
blurred_quantized = imfilter(I, PSF, 'conv', 'circular');
class(blurred_quantized)
wnr4 = deconvwnr(blurred_quantized, PSF, 0);
imshow(wnr4)
title('Restoration of blurred, quantized image using NSR = 0');
figure;
uniform_quantization_var = (1/256)^2 / 12;
signal_var = var(im2double(I(:)));
wnr5 = deconvwnr(blurred_quantized, PSF, ...
uniform_quantization_var / signal_var);
imshow(wnr5)
title('Restoration of Blurred, Quantized Image Using Computed NSR');
```

Original Image (courtesy of MIT)

Restored Image

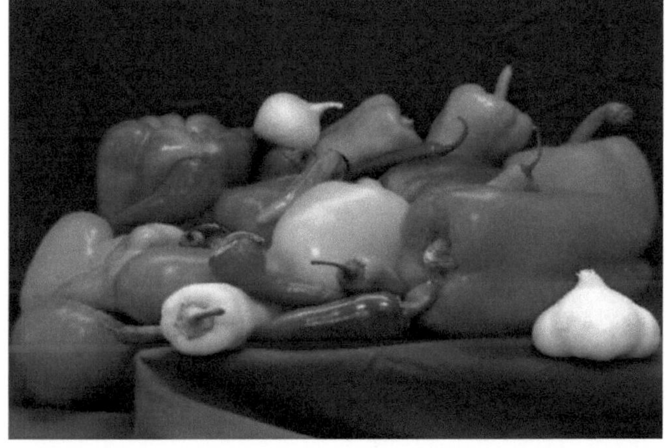

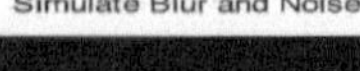

Restoration of Blurred, Noisy Image Using NSR = 0

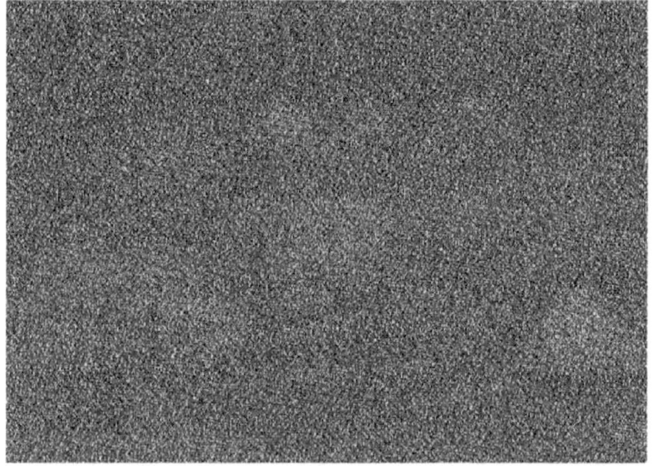

Restoration of Blurred, Noisy Image Using Estimated NSR

Restoration of blurred, quantized image using NSR = 0

Restoration of Blurred, Quantized Image Using Computed NSR

Objectif 8 : Ecrire un programme utilisant MATLAB pour rendre floues des images en utilisant un filtre de Wiener en introduisant un bruit gaussien, une quantification et en appliquant une convolution et une dé-convolution et un filtre spécial pour l'image 'tissue.png'.

```
I = im2double(imread('tissue.png'));
imshow(I);
title('Original Image (courtesy of MIT)');
figure;
LEN = 21;
THETA = 11;
PSF = fspecial('motion', LEN, THETA);
blurred = imfilter(I, PSF, 'conv', 'circular');
imshow(blurred);
title('Blurred Image');
figure;
wnr1 = deconvwnr(blurred, PSF, 0);
imshow(wnr1);
title('Restored Image');
figure;
noise_mean = 0;
noise_var = 0.0001;
blurred_noisy = imnoise(blurred, 'gaussian', ...
noise_mean, noise_var);
imshow(blurred_noisy)
title('Simulate Blur and Noise')
figure;
wnr2 = deconvwnr(blurred_noisy, PSF, 0);
```

```
imshow(wnr2)
title('Restoration of Blurred, Noisy Image Using NSR = 0')
figure;
signal_var = var(I(:));
wnr3 = deconvwnr(blurred_noisy, PSF, noise_var / signal_var);
imshow(wnr3)
title('Restoration of Blurred, Noisy Image Using Estimated NSR');
figure;
I = imread('tissue.png');
class(I)
blurred_quantized = imfilter(I, PSF, 'conv', 'circular');
class(blurred_quantized)
wnr4 = deconvwnr(blurred_quantized, PSF, 0);
imshow(wnr4)
title('Restoration of blurred, quantized image using NSR = 0');
figure;
uniform_quantization_var = (1/256)^2 / 12;
signal_var = var(im2double(I(:)));
wnr5 = deconvwnr(blurred_quantized, PSF, ...
uniform_quantization_var / signal_var);
imshow(wnr5)
title('Restoration of Blurred, Quantized Image Using Computed NSR');
```

Original Image (courtesy of MIT)

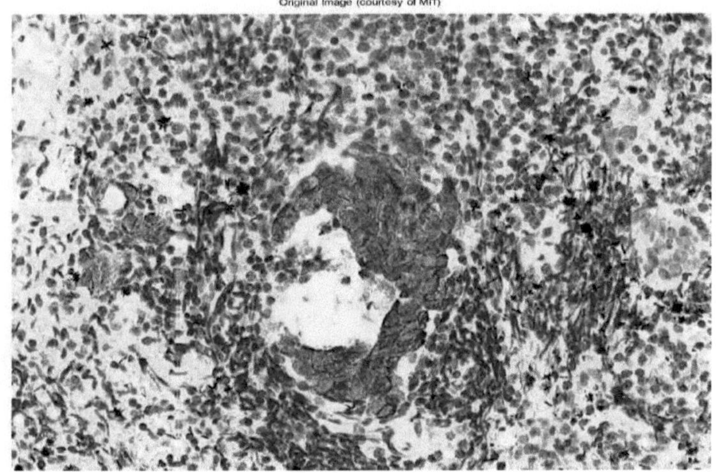

Blurred image

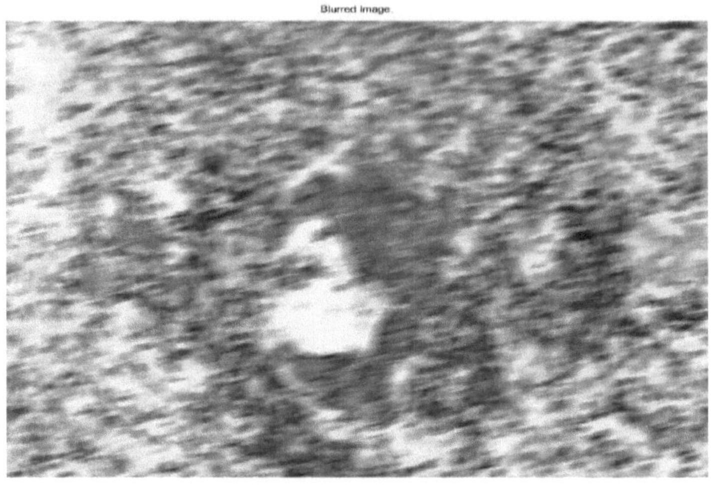

Restored image

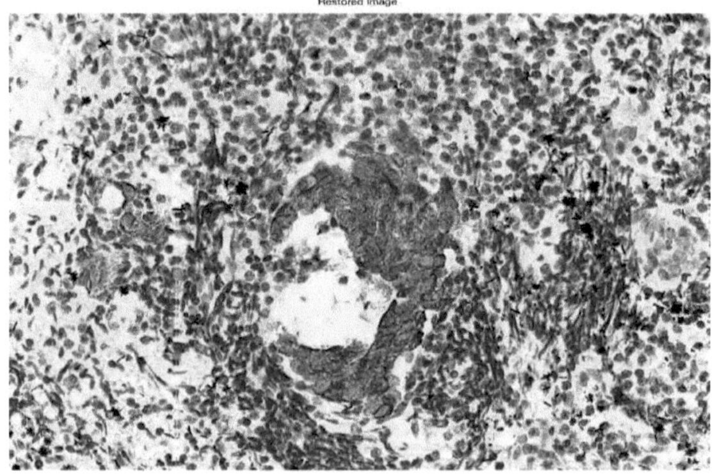

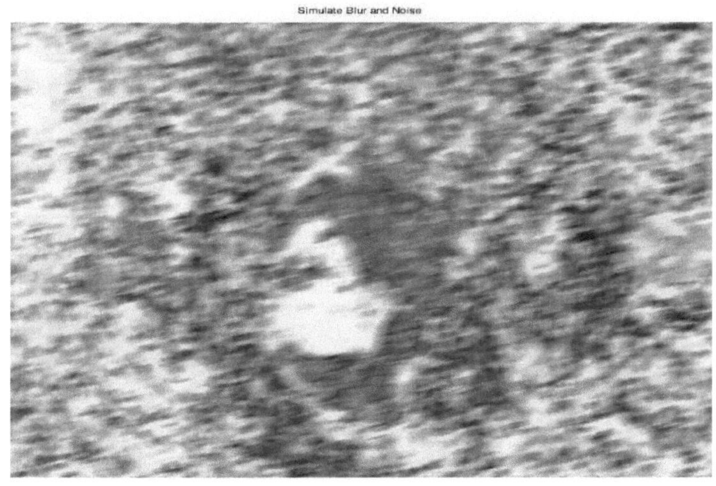
Simulate Blur and Noise

Restoration of Blurred, Noisy Image Using NSR = 0

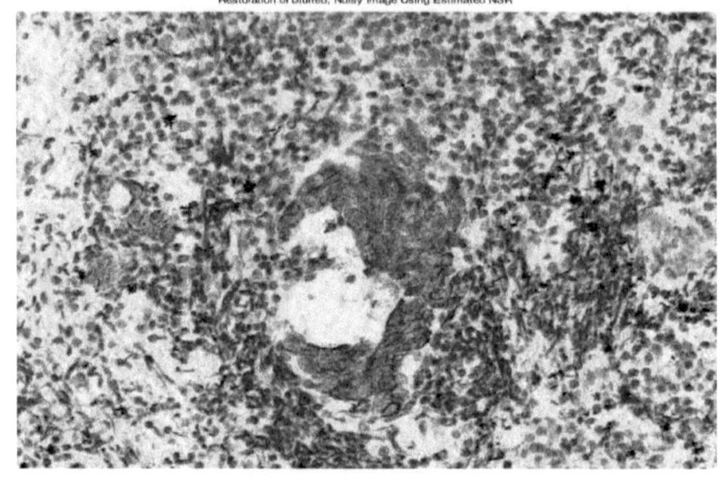

Restoration of blurred, quantized image using NSR = 0

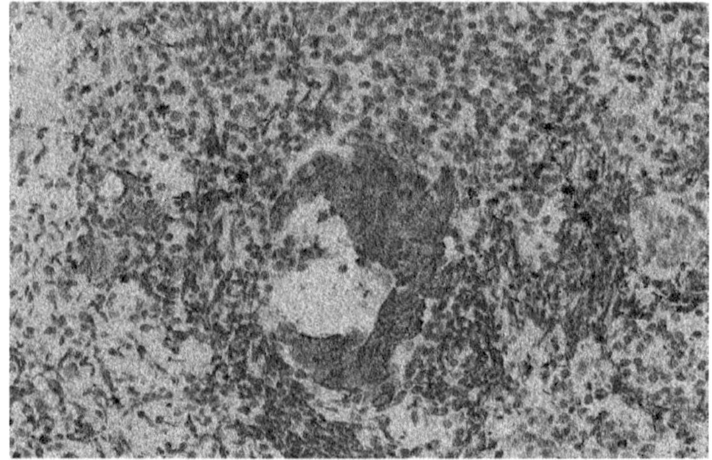

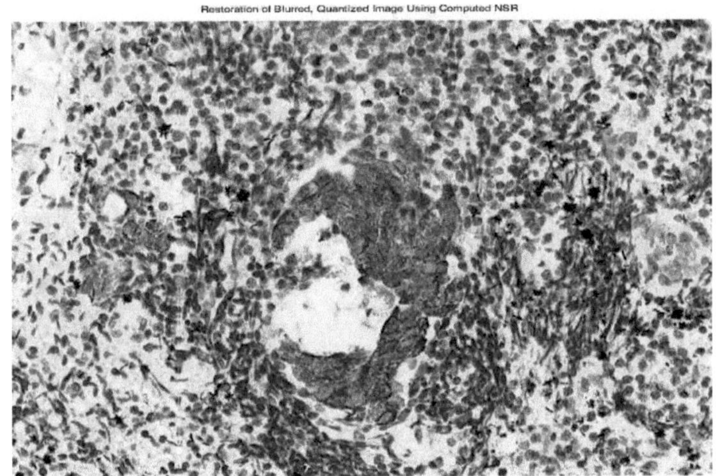

OBJECTIF 9 : Ecrivez un programme MATLAB pour effectuer une segmentation d'image sur une image de texture.

```
I = imread('bag.png');
figure, imshow(I);
E = entropyfilt(I);
Eim = mat2gray(E);
imshow(Eim);
BW1 = im2bw(Eim, .8);
imshow(BW1);
figure, imshow(I);
BWao = bwareaopen(BW1,2000);
imshow(BWao);
nhood = true(9);
closeBWao = imclose(BWao,nhood);
imshow(closeBWao)
roughMask = imfill(closeBWao,'holes');
imshow(roughMask);
figure, imshow(I);
I2 = I;
I2(roughMask) = 0;
imshow(I2);
E2 = entropyfilt(I2);
E2im = mat2gray(E2);
imshow(E2im);
BW2 = im2bw(E2im,graythresh(E2im));
imshow(BW2)
figure, imshow(I);
mask2 = bwareaopen(BW2,1000);
```

```
imshow(mask2);
texture1 = I;
texture1(~mask2) = 0;
texture2 = I;
texture2(mask2) = 0;
imshow(texture1);
figure, imshow(texture2);
boundary = bwperim(mask2);
segmentResults = I;
segmentResults(boundary) = 255;
imshow(segmentResults);
S = stdfilt(I,nhood);
imshow(mat2gray(S));
R = rangefilt(I,ones(5));
imshow(R);
```

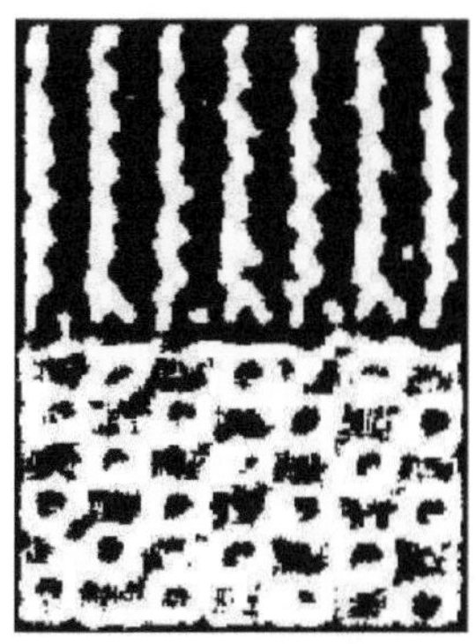

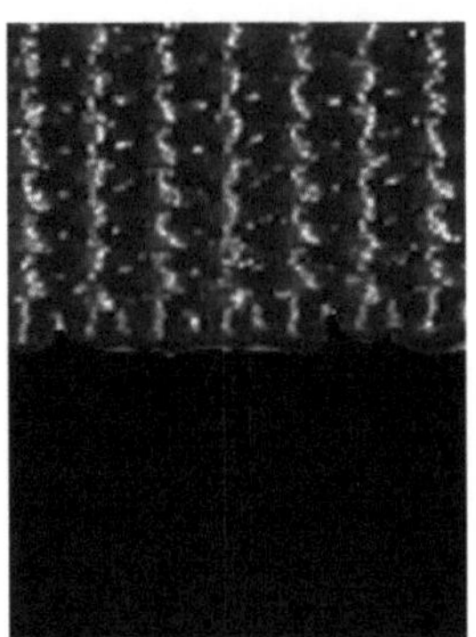

Objectif 10 : écrire un programme MATLAB pour la segmentation des images du cerveau.

```
I = imread('D:\Rishma\brain.jpg');
figure,
imshow(I);
E = entropyfilt(I);
Eim = mat2gray(E);
figure,
imshow(Eim);
BW1 = im2bw(Eim, .8);
figure,
imshow(BW1);
figure, imshow(I);
BWao = bwareaopen(BW1,2000);
figure,
imshow(BWao);
nhood = true(9);
closeBWao = imclose(BWao,nhood);
figure,
imshow(closeBWao)
roughMask = imfill(closeBWao,'holes');
figure,
imshow(roughMask);
figure, imshow(I);
I2 = I;
I2(roughMask) = 0;
figure,
imshow(I2);
E2 = entropyfilt(I2);
E2im = mat2gray(E2);
figure,
imshow(E2im);
BW2 = im2bw(E2im,graythresh(E2im));
```

```
figure,
imshow(BW2)
figure, imshow(I);
mask2 = bwareaopen(BW2,1000);
figure,
imshow(mask2);
texture1 = I;
texture1(~mask2) = 0;
texture2 = I;
texture2(mask2) = 0;
imshow(texture1);
figure, imshow(texture2);
boundary = bwperim(mask2);
segmentResults = I;
segmentResults(boundary) = 255;
figure,
imshow(segmentResults);
S = stdfilt(I,nhood);
figure,
imshow(mat2gray(S));
R = rangefilt(I,ones(5));
figure,
imshow(R);
```

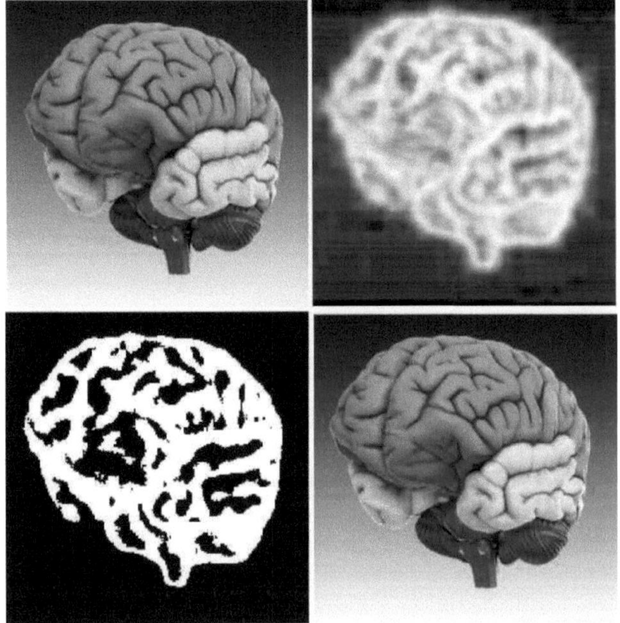

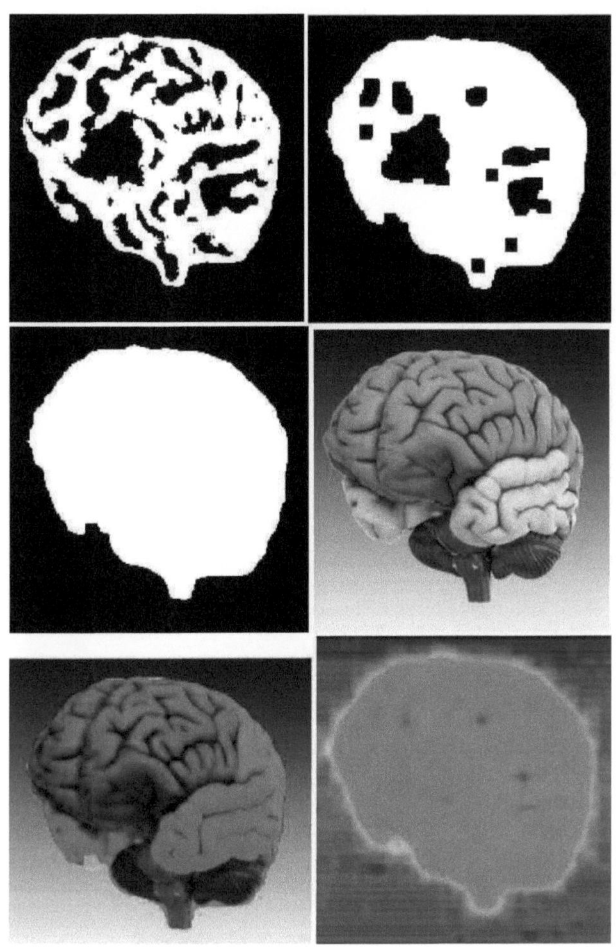

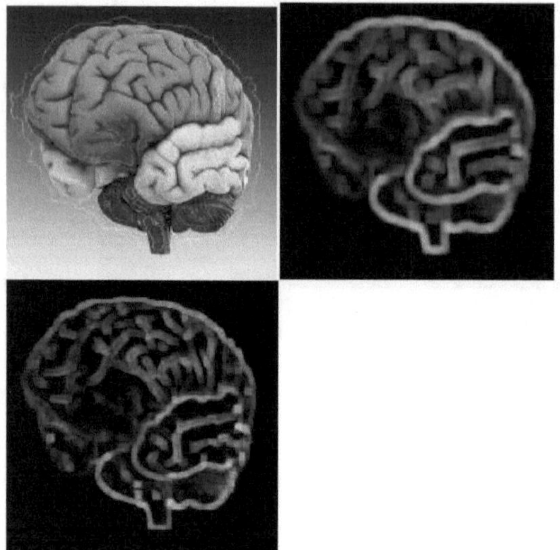

OBJECTIF 11 : Ecrire un programme MATLAB pour un filtre d'image.

```
img = imread('cameraman.tif');
imgd = im2double(img);   % imgd in [0,1]
f = ones(3,3)/9;
img1 = filter2(f, imgd);
subplot(121);imshow(img);
subplot(122);imshow(img1);
```